防范和处置非法集资条例

中国法制出版社

防范和处置非法集资条例
FANGFAN HE CHUZHI FEIFA JIZI TIAOLI

经销/新华书店
印刷/北京海纳百川印刷有限公司
开本/850 毫米×1168 毫米　32 开　　印张/1　字数/12 千
版次/2021 年 2 月第 1 版　　2022 年 6 月第 6 次印刷

中国法制出版社出版
书号 ISBN 978-7-5216-0791-8　　定价：4.00 元

北京西单横二条 2 号
邮政编码 100031　　传真：010-66031119
网址：http：//www.zgfzs.com　　**编辑部电话：010-66066621**
市场营销部电话：010-66033393　　**邮购部电话：010-66033288**

（如有印装质量问题，请与本社印务部联系调换。电话：010-66032926）

目　录

中华人民共和国国务院令

第 737 号

《防范和处置非法集资条例》已经 2020 年 12 月 21 日国务院第 119 次常务会议通过，现予公布，自 2021 年 5 月 1 日起施行。

总理　李克强

2021 年 1 月 26 日

防范和处置非法集资条例

第一章　总　　则

第一条　为了防范和处置非法集资，保护社会公众合法权益，防范化解金融风险，维护经济秩序和社会稳定，制定本条例。

第二条　本条例所称非法集资，是指未经国务院金融管理部门依法许可或者违反国家金融管理规定，以许诺还本付息或者给予其他投资回报等方式，向不特定对象吸收资金的行为。

非法集资的防范以及行政机关对非法集资的处置，适用本条例。法律、行政法规对非法从事银行、证券、保险、外汇等金融业务活动另有规定的，适用其规定。

本条例所称国务院金融管理部门，是指中国人民银行、国务院金融监督管理机构和国务院外汇管理部门。

第三条　本条例所称非法集资人，是指发起、主导或者组织实施非法集资的单位和个人；所称非法集资协助人，是指明知是非法集资而为其提供帮助并获取经济利益的单位和个人。

第四条 国家禁止任何形式的非法集资，对非法集资坚持防范为主、打早打小、综合治理、稳妥处置的原则。

第五条 省、自治区、直辖市人民政府对本行政区域内防范和处置非法集资工作负总责，地方各级人民政府应当建立健全政府统一领导的防范和处置非法集资工作机制。县级以上地方人民政府应当明确防范和处置非法集资工作机制的牵头部门（以下简称处置非法集资牵头部门），有关部门以及国务院金融管理部门分支机构、派出机构等单位参加工作机制；乡镇人民政府应当明确牵头负责防范和处置非法集资工作的人员。上级地方人民政府应当督促、指导下级地方人民政府做好本行政区域防范和处置非法集资工作。

行业主管部门、监管部门应当按照职责分工，负责本行业、领域非法集资的防范和配合处置工作。

第六条 国务院建立处置非法集资部际联席会议（以下简称联席会议）制度。联席会议由国务院银行保险监督管理机构牵头，有关部门参加，负责督促、指导有关部门和地方开展防范和处置非法集资工作，协调解决防范和处置非法集资工作中的重大问题。

第七条 各级人民政府应当合理保障防范和处置非法集资工作相关经费，并列入本级预算。

第二章 防　　范

第八条 地方各级人民政府应当建立非法集资监测预警机制，纳入社会治安综合治理体系，发挥网格化管理和基层群众自治组织的作用，运用大数据等现代信息技术手段，加强对非法集资的监测预警。

行业主管部门、监管部门应当强化日常监督管理，负责本行业、领域非法集资的风险排查和监测预警。

联席会议应当建立健全全国非法集资监测预警体系，推动建设国家监测预警平台，促进地方、部门信息共享，加强非法集资风险研判，及时预警提示。

第九条 市场监督管理部门应当加强企业、个体工商户名称和经营范围等商事登记管理。除法律、行政法规和国家另有规定外，企业、个体工商户名称和经营范围中不得包含“金融”、“交易所”、“交易中心”、“理财”、“财富管理”、“股权众筹”等字样或者内容。

县级以上地方人民政府处置非法集资牵头部门、市场监督管理部门等有关部门应当建立会商机制，发现企业、个体工商户名称或者经营范围中包含前款规定以外的其他与集资有关的字样或者内容的，及时予以重点关注。

第十条 处置非法集资牵头部门会同互联网信息内容管理部门、电信主管部门加强对涉嫌非法集资的互联网信息和网站、移动应用程序等互联网应用的监测。经处置非法集资牵头部门组织认定为用于非法集资的，互联网信息内容管理部门、电信主管部门应当及时依法作出处理。

互联网信息服务提供者应当加强对用户发布信息的管理，不得制作、复制、发布、传播涉嫌非法集资的信息。发现涉嫌非法集资的信息，应当保存有关记录，并向处置非法集资牵头部门报告。

第十一条 除国家另有规定外，任何单位和个人不得发布包含集资内容的广告或者以其他方式向社会公众进行集资宣传。

市场监督管理部门会同处置非法集资牵头部门加强对涉嫌非法集资广告的监测。经处置非法集资牵头部门组织认定为非法集资的，市场监督管理部门应当及时依法查处相关非法集资广告。

广告经营者、广告发布者应当依照法律、行政法规查验相关证明文件，核对广告内容。对没有相关证明文件且包含集资内容的广告，广告经营者不得提供设计、制作、代理服务，广告发布者不得发布。

第十二条 处置非法集资牵头部门与所在地国务院金融管理部门分支机构、派出机构应当建立非法集资可疑资金监测机制。国务院金融管理部门及其分支机构、派出机构应当按照职责分工督促、指导金融机构、非银行支付机构加强对资金异常流动情况及其他涉嫌非法集资可疑资金的监测工作。

第十三条 金融机构、非银行支付机构应当履行下列防范非法集资的义务：

（一）建立健全内部管理制度，禁止分支机构和员工参与非法集资，防止他人利用其经营场所、销售渠道从事非法集资；

（二）加强对社会公众防范非法集资的宣传教育，在经营场所醒目位置设置警示标识；

（三）依法严格执行大额交易和可疑交易报告制度，对涉嫌非法集资资金异常流动的相关账户进行分析识别，并将有关情况及时报告所在地国务院金融管理部门分支机构、派出机构和处置非法集资牵头部门。

第十四条 行业协会、商会应当加强行业自律管理、自我约束，督促、引导成员积极防范非法集资，不组织、不协助、不参与非法集资。

第十五条 联席会议应当建立中央和地方上下联动的防范非法集资宣传教育工作机制，推动全国范围内防范非法集资宣传教育工作。

地方各级人民政府应当开展常态化的防范非法集资宣传教育工作，充分运用各类媒介或者载体，以法律政策解读、典型案例剖析、投资风险教育等方式，向社会公众宣传非法集资的违法性、危害性及其表现形式等，增强社会公众对非法集资的防范意识和识别能力。

行业主管部门、监管部门以及行业协会、商会应当根据本行业、领域非法集资风险特点，有针对性地开展防范非法集资宣传教育活动。

新闻媒体应当开展防范非法集资公益宣传，并依法对非法集资进行舆论监督。

第十六条 对涉嫌非法集资行为，任何单位和个人有权向处置非法集资牵头部门或者其他有关部门举报。

国家鼓励对涉嫌非法集资行为进行举报。处置非法集资牵头部门以及其他有关部门应当公开举报电话和邮箱等举报方式、在政府网站设置举报专栏，接受举报，及时依法处理，并为举报人保密。

第十七条 居民委员会、村民委员会发现所在区域有涉嫌非法集资行为的，应当向当地人民政府、处置非法集资牵头部门或者其他有关部门报告。

第十八条 处置非法集资牵头部门和行业主管部门、监管部门发现本行政区域或者本行业、领域可能存在非法集资风险的，有权对相关单位和个人进行警示约谈，责令整改。

第三章 处 置

第十九条 对本行政区域内的下列行为，涉嫌非法集资的，处置非法集资牵头部门应当及时组织有关行业主管部门、监管部门以及国务院金融管理部门分支机构、派出机构进行调查认定：

（一）设立互联网企业、投资及投资咨询类企业、各类交易场所或者平台、农民专业合作社、资金互助组织以及其他组织吸收资金；

（二）以发行或者转让股权、债权，募集基金，销售保险产品，或者以从事各类资产管理、虚拟货币、融资租赁业务等名义吸收资金；

（三）在销售商品、提供服务、投资项目等商业活动中，以承诺给付货币、股权、实物等回报的形式吸收资金；

（四）违反法律、行政法规或者国家有关规定，通过大众传播媒介、即时通信工具或者其他方式公开传播吸收资金信息；

（五）其他涉嫌非法集资的行为。

第二十条 对跨行政区域的涉嫌非法集资行为，非法集资人为单位的，由其登记地处置非法集资牵头部门组织调查认定；非法集资人为个人的，由其住所地或者经常居住地处置非法集资牵头部门组织调查认定。非法集资行为发生地、集资资产所在地以及集资参与人所在地处置非法集资牵头部门应当配合调查认定工作。

处置非法集资牵头部门对组织调查认定职责存在争议的，由其共同的上级处置非法集资牵头部门确定；对跨省、自治区、直辖市组织调查认定职责存在争议的，由联席会议确定。

第二十一条 处置非法集资牵头部门组织调查涉嫌非法集资行为，可以采取下列措施：

（一）进入涉嫌非法集资的场所进行调查取证；

（二）询问与被调查事件有关的单位和个人，要求其对有关事项作出说明；

（三）查阅、复制与被调查事件有关的文件、资料、电子数据等，对可能被转移、隐匿或者毁损的文件、资料、电子设备等予以封存；

（四）经处置非法集资牵头部门主要负责人批准，依法查询涉嫌非法集资的有关账户。

调查人员不得少于2人，并应当出示执法证件。

与被调查事件有关的单位和个人应当配合调查，不得拒绝、阻碍。

第二十二条 处置非法集资牵头部门对涉嫌非法

集资行为组织调查，有权要求暂停集资行为，通知市场监督管理部门或者其他有关部门暂停为涉嫌非法集资的有关单位办理设立、变更或者注销登记。

第二十三条 经调查认定属于非法集资的，处置非法集资牵头部门应当责令非法集资人、非法集资协助人立即停止有关非法活动；发现涉嫌犯罪的，应当按照规定及时将案件移送公安机关，并配合做好相关工作。

行政机关对非法集资行为的调查认定，不是依法追究刑事责任的必经程序。

第二十四条 根据处置非法集资的需要，处置非法集资牵头部门可以采取下列措施：

（一）查封有关经营场所，查封、扣押有关资产；

（二）责令非法集资人、非法集资协助人追回、变价出售有关资产用于清退集资资金；

（三）经设区的市级以上地方人民政府处置非法集资牵头部门决定，按照规定通知出入境边防检查机关，限制非法集资的个人或者非法集资单位的控股股东、实际控制人、董事、监事、高级管理人员以及其他直接责任人员出境。

采取前款第一项、第二项规定的措施，应当经处置非法集资牵头部门主要负责人批准。

第二十五条 非法集资人、非法集资协助人应当向集资参与人清退集资资金。清退过程应当接受处置非法集资牵头部门监督。

任何单位和个人不得从非法集资中获取经济利益。

因参与非法集资受到的损失，由集资参与人自行承担。

第二十六条 清退集资资金来源包括：

（一）非法集资资金余额；

（二）非法集资资金的收益或者转换的其他资产及其收益；

（三）非法集资人及其股东、实际控制人、董事、监事、高级管理人员和其他相关人员从非法集资中获得的经济利益；

（四）非法集资人隐匿、转移的非法集资资金或者相关资产；

（五）在非法集资中获得的广告费、代言费、代理费、好处费、返点费、佣金、提成等经济利益；

（六）可以作为清退集资资金的其他资产。

第二十七条 为非法集资设立的企业、个体工商户和农民专业合作社，由市场监督管理部门吊销营业执照。为非法集资设立的网站、开发的移动应用程序等互联网应用，由电信主管部门依法予以关闭。

第二十八条 国务院金融管理部门及其分支机构、派出机构，地方人民政府有关部门以及其他有关单位和个人，对处置非法集资工作应当给予支持、配合。

任何单位和个人不得阻挠、妨碍处置非法集资工作。

第二十九条 处置非法集资过程中，有关地方人民政府应当采取有效措施维护社会稳定。

第四章 法律责任

第三十条 对非法集资人，由处置非法集资牵头部门处集资金额 20% 以上 1 倍以下的罚款。非法集资人为单位的，还可以根据情节轻重责令停产停业，由有关机关依法吊销许可证、营业执照或者登记证书；对其法定代表人或者主要负责人、直接负责的主管人员和其他直接责任人员给予警告，处 50 万元以上 500 万元以下的罚款。构成犯罪的，依法追究刑事责任。

第三十一条 对非法集资协助人，由处置非法集资牵头部门给予警告，处违法所得1倍以上3倍以下的罚款；构成犯罪的，依法追究刑事责任。

第三十二条 非法集资人、非法集资协助人不能同时履行所承担的清退集资资金和缴纳罚款义务时，先清退集资资金。

第三十三条 对依照本条例受到行政处罚的非法集资人、非法集资协助人，由有关部门建立信用记录，按照规定将其信用记录纳入全国信用信息共享平台。

第三十四条 互联网信息服务提供者未履行对涉嫌非法集资信息的防范和处置义务的，由有关主管部门责令改正，给予警告，没收违法所得；拒不改正或者情节严重的，处10万元以上50万元以下的罚款，并可以根据情节轻重责令暂停相关业务、停业整顿、关闭网站、吊销相关业务许可证或者吊销营业执照，对直接负责的主管人员和其他直接责任人员处1万元以上10万元以下的罚款。

广告经营者、广告发布者未按照规定查验相关证明文件、核对广告内容的，由市场监督管理部门责令改正，并依照《中华人民共和国广告法》的规定予以处罚。

第三十五条 金融机构、非银行支付机构未履行防范非法集资义务的，由国务院金融管理部门或者其分支机构、派出机构按照职责分工责令改正，给予警告，没收违法所得；造成严重后果的，处100万元以上500万元以下的罚款，对直接负责的主管人员和其他直接责任人员给予警告，处10万元以上50万元以下的罚款。

第三十六条 与被调查事件有关的单位和个人不配合调查，拒绝提供相关文件、资料、电子数据等或者提供虚假文件、资料、电子数据等的，由处置非法集资牵头部门责令改正，给予警告，处5万元以上50万元以下的罚款。

阻碍调查人员依法执行职务，构成违反治安管理行为的，由公安机关依法给予治安管理处罚；构成犯罪的，依法追究刑事责任。

第三十七条 国家机关工作人员有下列行为之一的，依法给予处分：

（一）明知所主管、监管的单位有涉嫌非法集资行为，未依法及时处理；

（二）未按照规定及时履行对非法集资的防范职责，或者不配合非法集资处置，造成严重后果；

（三）在防范和处置非法集资过程中滥用职权、玩忽职守、徇私舞弊；

（四）通过职务行为或者利用职务影响，支持、包庇、纵容非法集资。

前款规定的行为构成犯罪的，依法追究刑事责任。

第五章　附　　则

第三十八条　各省、自治区、直辖市可以根据本条例制定防范和处置非法集资工作实施细则。

第三十九条　未经依法许可或者违反国家金融管理规定，擅自从事发放贷款、支付结算、票据贴现等金融业务活动的，由国务院金融管理部门或者地方金融管理部门按照监督管理职责分工进行处置。

法律、行政法规对其他非法金融业务活动的防范和处置没有明确规定的，参照本条例的有关规定执行。其他非法金融业务活动的具体类型由国务院金融管理部门确定。

第四十条　本条例自2021年5月1日起施行。1998年7月13日国务院发布的《非法金融机构和非法金融业务活动取缔办法》同时废止。

司法部、中国银保监会负责人就《防范和处置非法集资条例》答记者问

2021年1月26日，国务院总理李克强签署第737号国务院令，公布《防范和处置非法集资条例》（以下简称《条例》），自2021年5月1日起施行。日前，司法部、中国银保监会负责人就《条例》有关问题回答了记者提问。

问：《条例》出台的主要背景是什么？

答：防范和处置非法集资是一项长期、复杂、艰巨的系统性工程，关系人民群众切身利益、经济金融健康发展和社会稳定大局。党中央、国务院对此高度重视，出台有关文件明确了防范和处置非法集资的基本原则、工作机制、工作责任、具体举措和重点任务。近年来，面对非法集资案件高发多发态势，各地区各

部门采取有力措施严厉打击，化解存量、遏制增量、防控变量，取得积极成效，但形势依然比较严峻。在加大刑事打击力度的同时，有必要提升行政处置效能，着力解决行政机关防范和处置非法集资的法律依据不足、手段不够等问题。出台《条例》，用法治的办法加强重点领域监管，有利于形成齐抓共管、群防群治、各尽其责、通力协作的非法集资综合治理格局，对于防范化解风险，保护群众合法权益，具有重要意义。

问：《条例》是如何界定非法集资的？

答：《条例》所称非法集资，是指未经国务院金融管理部门依法许可或者违反国家金融管理规定，以许诺还本付息或者给予其他投资回报等方式，向不特定对象吸收资金的行为。该定义明确了非法集资的三要件：一是“未经国务院金融管理部门依法许可或者违反国家金融管理规定”，即非法性；二是“许诺还本付息或者给予其他投资回报”，即利诱性；三是“向不特定对象吸收资金”，即社会性。

《条例》还列举规定了涉嫌非法集资的常见形式，以利于地方政府及时组织调查认定和依法查处非法集资行为，也便于公众及早识别、自觉远离、积极举报非法集资行为。

问：《条例》确定的防范和处置非法集资的原则是什么？

答：《条例》贯彻落实党中央、国务院关于防范化解重大金融风险的决策部署，明确规定国家禁止任何形式的非法集资，对非法集资坚持防范为主、打早打小、综合治理、稳妥处置的原则。

一是坚持防范为主。加强监测预警，各方按职责扎实做好商事主体登记、互联网及广告管理、资金监测等工作，及时发现非法集资风险并切断传播渠道。全方位加强防范非法集资宣传教育，提高人民群众风险防范意识和识别能力，自觉抵制非法集资，从源头上减少非法集资的发生。

二是坚持打早打小。赋予处置非法集资牵头部门组织调查认定职责和相应措施手段，明确行业主管、监管部门防范和配合处置的职责，力争在萌芽阶段发现风险，在苗头状态化解隐患，防止小风险演化成大问题。

三是坚持综合治理。针对非法集资涉及面广、涉众性强的特点，在坚持省级人民政府对本行政区域内防范和处置非法集资工作负总责的同时，进一步明确行业主管、监管部门应当落实部门监管职责，规定特定市场主体、行业协会商会的义务，发挥基层自治组织、新闻媒体、人民群众的监督作用，切实形成各尽其责、齐抓共管的综合治理格局。

四是坚持稳妥处置。明确非法集资的调查处置职责以及跨地区非法集资案件的管辖原则，赋予处置非法集资牵头部门调查处置手段，对各类风险分别采取不同措施。对非法集资资金清退作出规定，最大程度减少集资参与人损失，维护社会稳定。

问：《条例》对防范和处置非法集资工作机制和职责作了哪些规定？

答：《条例》在《国务院关于进一步做好防范和处置非法集资工作的意见》（国发〔2015〕59 号）基础上，进一步明确了防范和处置非法集资工作机制，以及地方各级人民政府、行业主管、监管部门和市场主体等各方面的职责和义务。一是强调省、自治区、直辖市人民政府对本行政区域内防范和处置非法集资工作负总责。明确县级以上地方人民政府建立健全政府统一领导、有关单位参加的工作机制。考虑到乡镇工作的实际情况，要求乡镇人民政府明确牵头负责防范和处置非法集资工作的人员。二是规定县级以上地方人民政府应当明确防范和处置非法集资工作机制的牵头部门，赋予其相应的调查处置权力和手段。上级地方人民政府应当督促、指导下级地方人民政府做好相关工作。三是考虑到非法集资涉及各行业领域，与行业监管密切相关，要求行业主管、监管部门按照职责分工对本行业、领域非法集资履行防范和配合处置职责。四是国务院建立处置非法集资部际联席会议制度，联席会议由银保监会牵头、有关部门参加，负责督促、指导有关部门和地方开展防范和处置非法集资工作，协调解决重大问题。

问：《条例》在加强市场主体登记管理方面作了哪些规定？

答：金融是特许行业，一般工商企业一律不得从事或者变相从事法定金融业务，谁都不能“无照驾驶”。实践中，一些工商企业、个体工商户在名称和经营范围中使用“金融”、“理财”、“财富管理”、“股权众筹”等字样，欺骗、误导公众，非法从事金融业务活动，成为非法集资高发领域。近年来，在互联网金融风险专项整治等防范化解风险工作中，有关部门和地方政府对企业名称登记管理采取了一些措施，取得一定成效。《条例》充分总结吸收各方面经验做法，明确除法律、行政法规和国家另有规定外，企业、个体工商户名称和经营范围中不得包含“金融”、“交易所”、“交易中心”、“理财”、“财富管理”、“股权众筹”等字样或者内容。《条例》还规定，县级以上地方人民政府处置非法集资牵头部门、市场监督管理等部门建立会商机制，对企业、个体工商户名称或者经营范围中包含上述规定以外的其他与集资有关的字样或者内容的，予以重点关注，以便在市场主体登记管理环节及时发现和防范非法集资行为。

问：《条例》在涉嫌非法集资广告和互联网信息管理方面作了哪些规定？

答：通过广告和互联网传播非法集资信息，是非法集资风险扩散、蔓延的重要渠道。为有效切断非法集资信息传播链条，《条例》对广告发布规则、相关部门职责等规定了针对性措施：一是禁止违法发布集资类广告信息。《条例》规定，除国家另有规定外，任何单位和个人不得发布包含集资内容的广告或者以其他方式向社会公众进行集资宣传。二是明确监管职责。《条例》规定了市场监督管理、互联网信息内容管理、电信主管部门和处置非法集资牵头部门对涉嫌非法集资广告监测、涉嫌非法集资的互联网信息和网站、移动应用程序等互联网应用的监测职责，以及依法查处违法行为的责任，构建非法集资广告和互联网信息治理长效机制。三是压实广告经营者、广告发布者和互联网信息服务提供者责任。《条例》规定，广告经营者、广告发布者应当依照法律、行政法规查验相关证明文件，核对广告内容，对没有相关证明文件且包含集资内容的广告，广告经营者不得提供设计、制作、代理服务，广告发布者不得发布；互联网信息服务提供者应当加强对用户发布信息的管理，不得制作、复制、发布、传播涉嫌非法集资的信息。发现涉嫌非法集资的信息，应当保存有关记录，并向处置非法集资牵头部门报告。

问：《条例》对加强非法集资监测预警有哪些要求？

答：早预警、早防控是实现非法集资打早打小的重要基础。近年来，各地各部门依托信息化技术、网格化管理和基层群众自治力量，不断提升监测预警能力。国家非法集资监测预警平台已上线运行，绝大部分省份已采用技术手段开展大数据监测预警；线下群防群治深入推进，非法集资举报奖励制度实施以来，各地共收到群众举报线索 9 万余条，经核实已对近 5000 条进行奖励。已连续多年开展全国非法集资风险排查专项行动，及时发现并处置了一批苗头性风险。

基于上述实践，《条例》构建了立体化、社会化、信息化的监测预警体系。一是建立健全全国非法集资监测预警体系和预警机制，加强大数据监测。地方各级人民政府应当建立非法集资监测预警机制，纳入社会治安综合治理体系，运用大数据等现代信息技术手段，加强对非法集资的监测预警。行业主管部门、监管部门应当强化日常监督管理，负责本行业、领域非法集资的风险排查和监测预警。处置非法集资部际联席会议推动建设国家监测预警平台，促进地方、部门实现信息共享，加强非法集资风险研判，及时预警提示。二是充分发挥基层力量作用。群防群治是防范和处置非法集资的重要抓手，《条例》明确要发挥网格化管理和基层群众自治组织作用，要求各地、各部门畅通举报渠道，鼓励社会公众积极举报涉嫌非法集资行为，第一时间发现风险。三是抓住重点环节，建立非法集资可疑资金监测机制。国务院金融管理部门及其分支机构、派出机构按照职责分工督促、指导金融机构、非银行支付机构加强对资金异常流动情况及其他涉嫌非法集资可疑资金的监测工作；金融机构、非银行支付机构应当履行《条例》规定的防范非法集资义务。

问：《条例》规定了哪些行政调查、处置措施？

答：为及时有效处置非法集资，《条例》明确赋予处置非法集资牵头部门组织调查、处置涉嫌非法集资行为的相关手段措施。具体包括：在调查阶段，处置非法集资牵头部门有权进入涉嫌非法集资的场所调查取证，询问与被调查事件有关的单位和个人，查阅、复制与被调查事件有关的资料并依法予以封存，依法查询有关账户，要求暂停集资行为，通知市场监督管理部门或者其他有关部门暂停为涉嫌非法集资的有关单位办理设立、变更或者注销登记等；在处置阶段，处置非法集资牵头部门有权查封有关经营场所，查封、扣押有关资产，责令非法集资人、非法集资协助人追回、变价出售有关资产用于清退集资资金，按照规定通知出入境边防检查机关限制有关人员出境等。采取上述措施，旨在防止非法集资人挥霍、转移资产或者逃离出境，为处置工作顺利开展提供保障。此外，对涉嫌犯罪的，处置非法集资牵头部门应当按照规定及时将案件移送公安机关，并配合做好相关工作。

问：《条例》对非法集资资金清退作了哪些规定？

答：《条例》坚持最大限度保护人民群众合法权益，明确非法集资人、非法集资协助人应当向集资参与人清退资金；清退过程应当接受处置非法集资牵头部门监督；任何单位和个人不得从非法集资中获取经济利益。《条例》明确了清退资金的来源，包括：非法集资资金余额、收益，非法集资人及其他相关人员从非法集资中获得的经济利益，非法集资人隐匿、转移的非法集资资金或者相关资产，在非法集资中获得的广告费、代言费、代理费、好处费、返点费、佣金、提成等经济利益，以及可以作为清退集资资金的其他资产。为尽可能多地向集资参与人清退资金，《条例》规定，非法集资人、非法集资协助人不能同时履行所承担的清退集资资金和缴纳罚款义务时，先清退集资资金。《条例》沿用《非法金融机构和非法金融业务活动取缔办法》（以下简称《取缔办法》）有关规定，明确因参与非法集资受到的损失，由集资参与人自行承担。

问：《条例》在明确法律责任、加大惩处力度方面作了哪些规定?

答：为加大对非法集资相关责任主体的惩处力度，形成有力震慑，《条例》规定：一是在惩处对象方面，除非法集资单位和个人外，还对非法集资单位的主要负责人和直接责任人、非法集资协助人进行处罚。同时，对未履行非法集资防范义务的广告经营者和发布者、互联网信息服务提供者、金融机构、非银行支付机构予以处罚。二是在处罚种类和处罚力度方面，按照处罚力度与危害程度相匹配原则，规定给予警告、处以罚款、责令停产停业、吊销许可证、吊销营业执照或者登记证书；加大处罚力度，对非法集资人处集资金额20%以上1倍以下的罚款，对非法集资协助人处违法所得1倍以上3倍以下的罚款等。

问：为何要废止《取缔办法》?

答：随着法律体系不断完善，目前《取缔办法》

关于非法金融活动处置的部分内容在商业银行法、证券法、保险法、外汇管理条例等法律、行政法规中已有较为明确的规定。《条例》又对处置非法集资机制等作了相应规定，对于未经依法许可或者违反国家金融管理规定，擅自从事发放贷款、支付结算、票据贴现等金融业务活动的，《条例》明确由国务院金融管理部门或者地方金融管理部门按照监督管理职责分工进行处置；同时规定，法律、行政法规对其他非法金融业务活动的防范和处置没有明确规定的，参照本条例有关规定执行。《条例》作出上述规定后，《取缔办法》内容已被有关法律法规涵盖，因此，《条例》施行时，《取缔办法》同时废止。